Tony, el Fantástico

Lesebuch

Tony, el Fantástico

passend zum Lehrbuch

Spanischhexe 1

Bibliografische Information der Deutschen Nationalbibliothek.
Die Deutsche Nationalbibliothek verzeichnet diese Publikation in der Deutschen Nationalbibliografie; detaillierte bibliografische Daten sind im Internet über http://dnb.d-nb.de abrufbar.

Herstellung und Verlag: Books on Demand GmbH, Norderstedt.

ISBN: 9783748150633

Inhaltsverzeichnis

Vorwort

Das vorliegende Lesebuch wurde von meinen Schülern "bestellt".

Die Geschichte von Marta und Tony ist in einem sehr einfachen Vokabular erzählt, und ich habe auf komplizierte grammatische Strukturen verzichtet, damit auch Anfänger mit dem Text fertig werden können.

Das Vokabular orientiert sich am Lehrbuch "Die Spanischhexe 1".

Bisher eventuell unbekannte Vokabeln sind am unteren Rand der Seite extra aufgeführt.

Gleichzeitig geht der Text auf die gängigen Anfängerfehler ein, und im anschließenden **Übungsteil** hat der Leser die Möglichkeit, sich nochmals mit den entsprechenden Themen zu befassen. Direkt im Anschluß an die Übungsaufgaben befinden sich die jeweiligen Lösungen.

Am Ende des Buches findet der Leser außerdem **Fragen zum Text,** um sein Verständnis noch einmal selbst zu überprüfen.

Wie immer bedanke ich mich bei meinem Mann für seine unermüdliche Unterstützung bei der Realisierung des Buches, sowie bei Ricarda und Uli, die mich inspiriert haben, und als Versuchskaninchen fungierten.

1

Marta Rodriguez es una chica de La Palma.
Tiene 25 años de edad. Tiene los ojos
marrones y el pelo negro largo.

Su mejor amiga es Teresa, su compañera de
trabajo. **Todo el mundo** la llama solo "Tere".

También tiene 25 años, es pelirroja y tiene los
ojos verdes.

Las dos chicas son solteras y cada fin de
semana salen de fiesta.

Anton Schmitt es un chico de Berlin. Es rubio,
alto y deportivo.

Tiene 28 años y vive solo. Es enfermero, pero
actualmente está trabajando por Internet
como **diseñador de páginas web.**

todo el mundo	alle
el diseñador de páginas web	Webdesigner

Igual que muchos alemanes quiere pasar unos meses en la isla de La Palma.

Ha llegado a la isla hace poco.

Ha alquilado un apartamento bonito en Tazacorte.

Hasta ahora todo ha ido muy bien, aunque Anton casi no habla español.

Solo sabe algunas palabras.

Pero no se preocupa por eso. Anton piensa que se aprende fácilmente hablando con la gente.

El sábado por la noche Anton va a la discoteca.

Está tomando una cerveza en la barra y mira las chicas guapas de La Palma.

Una de ellas le gusta mucho. Tiene los ojos marrones y pelo negro largo brillante. A Anton le parece que está mirando mucho en su dirección.

Finalmente se decide, va a la mesa de las chicas y dice -Hola, soy Anton, pero mis amigos se llaman Tony. (1)

La chica lo mira sorprendida. ¿Qué ha dicho?, piensa.

¿Todos sus amigos se llaman Tony?

Pero Tony es muy guapo, y habla con ella, así que responde. -Encantada, soy Marta, y ésta (2) es mi amiga Tere.

- Encantada, Tere.

- Encantada, Tony- responde Tere con una sonrisa un poco irritada. (3)

-¿Quiero bailar?- pregunta Tony, y Tere se ríe. (4)

Marta no sabe si Tony está mal **educado** o no habla mucho español.

---

educado   erzogen

Pero le gusta bailar, y por eso **acepta** bailar con Tony. Y como Tony baila muy bien, continúan media hora bailando.

Después Tony vuelve a la barra y pide **cócteles** para las dos chicas. Se sienta a la mesa con ellas.

-¿Qué haces?- pregunta Tony a Marta.

-Somos enfermeras y trabajamos en el hospital.

Tony está encantado.

-¡Qué casualidad! Yo también soy enfermo.(5)

Tere le **lanza** otra mirada **extrañada**, pero a Marta le gusta la sonrisa de Tony, su pelo rubio, y sus ojos tan azules (6).

aceptar	akzeptieren
el coctel	Cocktail
lanzar	werfen
extrañado / -a	verwirrt, seltsam berührt

Ya se ha **enamorado** de ese chico exótico.
Siguen hablando y bailando y finalmente
intercambian los números de móvil y quedan
para volver a verse dos días más tarde en la
playa de Tazacorte.

Al salir (7) de la discoteca Tony se ofrece a
acompañar a Marta a casa, pero Marta dice
que no es necesario porque las dos chicas
han venido en el coche de Tere...

Cuando las dos chicas están solas en el
coche Tere le dice a Marta

-¡ **Vaya noche!**...Ese Tony es un idiota.

- Pero es muy **divertido,** y baila muy bien.
Además es muy guapo. ¿Has visto esos ojos
azules?... - responde Marta sonriente.

enamorarse de	sich verlieben in
intercambiar	austauschen
acompañar	begleiten
¡Vaya noche!	Was für eine Nacht!
divertido / -a	unterhaltsam, witzig

-¡ **Dios mío**! ¡Estás enamorada! (8) ¡No puedes hablar **en serio**!

-¿Por qué no? Tú solo estás **celosa.**

- ¡Pero casi no habla español!

-En la vida hay cosas más importantes. Lo va a aprender. **Lo verás**. Es un tipo interesante. Y **huele** muy bien... (9)

Tere echa una mirada al cielo y **suspira**. - Si tú lo dices... ¿Así que quieres volver a verle?

-He quedado con él el lunes en la playa.

- **Vaya, vaya.** ¿Cómo vamos a **acabar?**

¡Dios mío!	mein Gott!
en serio	im Ernst
celoso / -a	eifersüchtig
lo verás	du wirst sehen
huele	er riecht (Infinitiv oler)
suspirar	seufzen
acabar	enden

2

El lunes por la tarde Marta está en la playa de Tazacorte, y **francamente** dicho está un poco nerviosa.

Tony ya le ha enviado unos WhatsApp divertidos con fotos de gatitos.

Marta se dirige a la **cabaña** de los **socorristas,** que está en la avenida donde ha quedado con Tony.

Tony ya está allí, esperándola. Al verlo, el corazón de Marta **da un saltito**.

Es tan guapo...

Marta también se ha puesto guapísima. Lleva un vestido rojo y **cholas** de playa. Además lleva un bolso con una toalla grande, crema de sol, etc.

---

francamente dicho	offen gesagt
la cabaña	Hütte
el socorrista	Rettungsschwimmer
dar un salto	einen Sprung machen
la chola	Latschen, Schlappen

En el **espejo** de su casa ha **comprobado** que con su nuevo bikini amarillo tiene un aspecto **espléndido**, porque el amarillo completa perfectamente su piel bronceada. Tony también tiene buen aspecto.(10) Su estatura es muy deportiva y además ya se ha bronceado un poco. Quiere ser amable, y por eso piensa alquilar dos **tumbonas** en la playa. Se acerca al chico que se ocupa de las tumbonas y dice: -Quiero dos **tumbas**. ¿Cuánto es?

Los dos ponen sus toallas en las tumbonas y en seguida se bañan en el agua.

Al principio Marta **chilla** un poco. -¡Ay, qué fresquito! Pero después **se lanza** a las olas y empieza a nadar como un pez.

---

el espejo	Spiegel
comprobar	überprüfen
espléndido	glänzend
la tumbona	Liege
la tumba	Grab
chillar	quietschen, kreischen
lanzarse	sich werfen

Resulta que Tony también sabe nadar muy bien, y los dos pasan una tarde muy divertida en la playa. Se ríen y **chapotean** mucho. El agua está estupenda.

Tony le sonríe a Marta y dice: -Sabes nadar como un pescado. (11)

-Gracias- responde Marta.-Tú también sabes nadar muy bien ...

Cuando se han **secado** un poco empiezan a jugar al pin pon de la playa.

Al otro **extremo** de la playa Marta ve a dos amigas suyas. Siente que las dos la están mirando y se alegra. Seguro que las chicas la **envidian** por su nuevo novio atractivo.

resultar	herauskommen
chapotear	plantschen
secar	trocknen
el extremo	Extrem, (hier:Ende)
envidiar	beneiden

Al cabo de diez minutos las dos chicas ya no lo **aguantan** se **acercan intrigadas.**

-¡Hola Marta, qué casualidad! ¿No quieres presentarnos a tu amigo?

-¡Hola!... Tony, te presento a mis amigas Carmen y María...

-Hola Carmen, hola María, soy alegre de os conocer...- dice Tony.(12)

Las chicas se ríen mucho. –¡ ja, ja, ja,! Nosotras también somos alegres...- y Marta dice - Tony es de Alemania, todavía no habla mucho español...

-Casi no se le nota- dice María con una **risilla.**

-Tenemos que volver a nuestras toallas, te deseamos mucha "alegría" con tu amigo...

al cabo de	nach Ablauf von
aguantar	aushalten, ertragen
acercarse	sich nähern
intrigado / -a	neugierig
la risilla	Kichern

Marta está un poco **enfadada**. **Había esperado** ser envidiada y ahora sus amigas se ríen de Tony.

Tony dice: -Oye, tus amigas me gusto mucho... (13)

Y Marta sonríe. -Sí, son muy amables- y piensa: Bueno, lo va a aprender...

Coge la **pelota** y sigue jugando al pin pon.

Después de la playa Marta y Tony toman un helado y un café en la avenida.

Marta le pregunta:

-¿Cuánto tiempo llevas en La Palma.?

-¿Qué?- Tony sonríe, y tiene una sonrisa perfecta.- Lo siento, no entiendo todo...

-¿Que cuánto tiempo estás en La Palma.

---

enfadado / -a	verärgert
había esperado	sie hatte erwartet
la pelota	Ball

21

-Ah, sí. He llegado hace marzo. Estoy aquí desde cuatro meses. (14)

-¿Y a qué te dedicas?

-¿Qué?

¿Qué es tu profesión, qué haces todo el día?

- Ya te he dicho que he aprendido enfermo, pero actualmente trabajo en Internet. Soy diseñador de páginas web. Tengo mis clientes en Alemania.

Oye Marta, me gusto mucho... Marta piensa: Seguro quiere decir que yo le gusto mucho a él.

¿Qué tal si salimos el próximo sábado para cenar?

-Gracias, muy amable. Me gustaría mucho cenar contigo, pero... El sábado no puedo. Los sábados en mi familia siempre cenamos juntos. Es una tradición familiar.

| la tradición | Tradition |

-¿Todavía vives en casa de tus padres?

- Sí. Es una casa grande. **Nos llevamos muy bien** y es muy práctico.

-Aja. ¿Y tienes mucha familia?

Bueno, mis padres, la abuela, mi hermano mayor Luis, que entrena bastante y va mucho al gimnasio, y una hermana menor, Lucía.

Lucy tiene catorce años. **Es una pesada**...

Además dos tíos y muchos **primos**, pero ellos no suelen venir los sábados. Solo si hay una fiesta o un cumpleaños...

Tony no ha entendido todo, solo, que la hermana de Marta es muy **gorda**. (15)

---

llevarse bien	sich gut vertragen
es una pesada	sie ist eine Nervensäge
el primo	Cousin
gordo / -a	dick

Así **se limita a** hacer preguntas que **domina** más o menos.

-¿Cuántos años tiene la abuela?

-La semana pasada ha cumplido los setenta. Pero todavía está bastante activa. Se viste **según** la última moda, va mucho al **peluquero** y se pinta cada día...

-¿Qué clase de cuadros **pinta**?

Marta se ríe.- ¡No pinta cuadros, se pinta la cara, ya sabes...se arregla!

Dicen que **me parezco** mucho a ella. (16)

-Aja...- y Tony le **regala** una sonrisa que a Marta le **quita** el aliento.

---

limitarse a	sich beschränken auf
dominar	beherrschen
según	folgend, zufolge
el peluquero	Friseur
pintar	malen
parecerse	sich ähneln
regalar	schenken
quitar	wegnehmen

-¿Y tú, tienes familia en Alemania?- pregunta Marta.

-No mucha. Mis padres ya han muerto. Solo tengo un hermano grande (17), Edgar.
Trabaja en un banco y es bastante **aburrido**.

Todo el día está sentado en su despacito. (18)

Marta piensa que Tony está hablando de un **despacho** pequeño.

-¿Bueno, entonces quedamos el domingo para cenar?

-Sí, de acuerdo- suspira Marta.

aburrido / -a	langweilig
el despacho	Arbeitszimmer

3

Dos días después en el trabajo Marta y Tere tienen el mismo **turno** y en el **descanso** Tere pregunta a Marta. -¿Quieres dejar de jugar con el móvil? Quiero saber qué tal el otro día en la playa con tu nuevo superman.

-Muy bien, dice Marta con los ojos **radiantes.**
-Tony es tan guapo y **fuerte**... Y es muy amable. **Lo he pasado muy bien.**

Hemos visto a María y Carmen. Están bastante intrigadas. Se han reído por el español de Tony...
-Sí. Ya me lo han contado. Pero ¿qué esperas? Esas chicas son un poco **superficiales,** y además están celosas.
-Es verdad.

el turno	Schicht
el descanso	Pause
radiante	strahlend
fuerte	stark
lo he pasado muy bien	es hat mir gut gefallen
	es war sehr schön
superficial	oberflächlich

-¿Y vas a verle otra vez?

-Sí - suspira Marta sonriendo. -El domingo salimos a cenar.

Marta pasa el resto de la semana **soñando con** Tony.

Hace mucho tiempo que no se enamora así.

Casi no puede esperar al domingo.

Menos mal que Tony le envía mensajes cada día...

---

soñar con	träumen von
menos mal	Gott sei dank

4

El domingo por la mañana Marta se levanta temprano. Son las nueve de la mañana. A esas horas Marta espera estar sola en la cocina. Quiere disfrutar de su cafecito en **paz** para soñar tranquilamente con Tony. Pero en aquel momento aparece Lucía. Las nueve de la mañana para Lucy es prontísimo.

-Buenos días, Marta...- dice Lucy mientras abre la nevera. -Buenos días Lucy. Te has despertado (19) muy **temprano.** ¿Qué te ha pasado?

-Nada especial - responde Lucy y saca la leche de la nevera. Después busca un **bol** y los **cereales** del armario y pone un **montón** de cereales en el bol. Finalmente echa mucho azúcar encima y **añade** la leche.

la paz	Frieden
temprano	früh
el bol	Schüssel
los cereales	Frühstücksflocken
el montón	Haufen
añadir	hinzufügen

-Oye, qué tal si esta tarde vamos a

la playa?- pregunta Lucy.

Marta siempre va a la playa con Lucy.

Pero esta noche ha quedado con Tony para cenar. Y ya está bastante **emocionada.**

Por eso responde

-Lo siento, Lucy, pero no puedo. Tengo que trabajar en el hospital esta tarde. Me toca el turno de la noche del sábado.

-Qué lástima...- y Lucy **ataca** sus cereales.

---

emocionado / -a	aufgeregt
atacar	attackieren, angreifen

5

Tony ha invitado a Marta a un restaurante junto al mar en la playa de los Guirres.

La playa de los Guirres está cerca de Puerto Naos.

Es la playa preferida de los "**surfistas**" **ya que** allí hay muchas **olas** grandes.
En esa playa solo hay **arena** en verano. En invierno la **corriente** del Atlántico se lleva la arena, y la trae otra vez cuando empieza el verano siguiente.

Tiene una avenida muy bonita con un pequeño restaurante y desde allí se puede **disfrutar** de la **puesta del sol** mientras se está cenando.

el surfista	Surfer
ya que	da, weil
la ola	Welle
la arena	Sand
la corriente	Strömung
disfrutar	genießen
la puesta del sol	Sonnenuntergang

Los últimos surfistas ya han salido del agua y han recogido sus **tablas** y queda muy poca gente en la playa.

Marta y Tony están sentados en una mesa cerca de la playa, cuando **de repente**...

-¡**Mierda**! Ahí viene mi hermana Lucía...

Pero claro que Lucía ya les ha descubierto y se acerca. -¡Hola hermanita! ¡Qué sorpresa! **¿No tenías que trabajar** esta noche?

Marta está un poco **avergonzada** y dice: -Sí,... bueno, al final una compañera me ha **sustituido**...

-¿Y quién es éste?- pregunta Lucy mirando a Tony.

-Ah, sí. Este es mi amigo Tony. Tony es de Alemania....

---

la tabla	(Surf) Brett
de repente	plötzlich
mierda	Scheisse
¿no tenías que trabajar?	musstest du nicht arbeiten?
avergonzado / -a	peinlich berührt
sustituir	ersetzen

-Encantada, Tony.

-Tony, ésta es mi hermana Lucy...

-Hola, Lucy, me alegra tí de conocer....(12)

- Encantada - dice Lucy y se ríe -¿Aja, amigo, sí? Eso sí que son **novedades**...Ahora tengo prisa. Tengo que llamar a todas mis amigas...

-¡Lucy, te **advierto** que...! -¿Qué?

Y Lucía se va con una sonrisa **sardónica**.

Tony dice: -Oye, tu hermana no está muy gorda... Y tiene una sonrisa muy amable...

¿Gorda? piensa Marta. Da igual. Ahora no quiere pensar en Lucy.

Marta toma la carta .-¿Vamos a pedir algo? Ya tengo mucha hambre.

-Sí, buena idea. ¿Qué quieres beber, vino?

la novedad	Neuigkeit
advertir	warnen
sardónico / -a	bösartig

Tony llama al camarero y pide " uno medio litro de vino rojo." (20)

El camarero está irritado y pregunta- ¿Un litro y medio o medio litro?

-Uno medio litro.

El camarero llega con medio litro y pregunta

-¿Así?

-Sí. - responde Tony y no puede explicarse qué ha sido tan difícil.(21)

Marta y Tony comen pescado y papas arrugadas y después de la cena los dos **dan un paseo al borde del** mar. La atmósfera es muy romántica. Tony pasa su brazo por la **cintura** de Marta, y Marta no **se resiste**. Siguen paseando sin decir nada.

---

dar un paseo	einen Spaziergang machen
al borde de	am Rande von
la cintura	Hüfte
resistirse	sich sträuben

Miran la **luna** y escuchan las olas. Marta está disfrutando cada **paso** al máximo. Siempre ha soñado con un paseo romántico con un chico tan guapo. ¡Es un momento perfecto!

Por fin Tony **se atreve**, le mira a los ojos, la toma en sus brazos y le da un beso muy largo y **suavito**.

Marta está en el séptimo cielo. (22)

¿A quién le **importa** Lucía y a quién le importa (23) que Tony no habla español si sabe besar así?

---

la luna	Mond
el paso	Schritt
atreverse	sich trauen
suavito	sanft
importar	wichtig sein

6

Tres días después Marta y Tony se van de **excursión** en **bicicleta eléctrica**. Han alquilado las bicicletas de la tienda "su bici", que está en Los Cancajos, en el lado este de la isla.

Marta se ha puesto unos pantalones cortos de deporte y una camiseta **rosada** que le sienta muy bien y en una **mochila** pequeña lleva una chaqueta, dinero, el móvil, un **pintalabios**... en fin, todas las cosas que necesita.

La **entrega** de las bicis es en Los Llanos. Desde allí los dos suben por la carretera principal hasta la **bifurcación** en dirección a Fuencaliente.

la excursión	Ausflug
la bicicleta (bici)	Fahrrad
eléctrico / -a	elektrisch
rosado / -a	rosa
la mochila	Rucksack
el pintalabios	Lippenstift
la entrega	Übergabe
la bifurcación	Abzweigung

Es la ruta **clásica** de los **ciclistas** en La Palma. En esa carretera no hay mucho **tráfico**, y se puede **pedalear** los 20 kilómetros hasta Fuencaliente tranquilamente sin grandes diferencias de altura. Por eso allí hay muchos ciclistas y al **cruzarse** todos se saludan entre sí.

Marta nunca ha **montado en bicicleta** eléctrica, pero Tony le enseña muy amablemente cómo funciona.¡Qué fácil es!

A Marta le encanta ir en bici eléctrica. ¡Es como **volar**! Con esa bici se puede ir por todo el Valle de Aridane sin ser **atleta** y hay muchas más **posibilidades**.

clásico / -a	klassisch
el ciclista	Radfahrer
el tráfico	Verkehr
pedalear	strampeln
cruzarse	sich kreuzen
montar en bicicleta	Fahrrad fahren
volar	fliegen
el atleta	Athlet
la posibilidad	Möglichkeit

La ruta a Fuencaliente es muy variada y **ofrece** vistas fantásticas. **Conduce** (24) por el bosque, pasa por dos **miradores** y la **ermita** de Santa Cecilia, que está en un sitio idílico entre pinos.

Tony no quiere parecer **ignorante** y ya se ha informado por Internet sobre la ermita. Después de llegar allí, la pareja se toma un descanso y **da una vuelta** por la ermita, que tiene forma circular.

-¿Verdad que la ermita es bonita con su forma **redonda**?

-Sí - dice Tony. Don José Miguel Sotomayor la ha construido en 1949 para **recorda**r a su mujer Cecilia.

ofrecer	(an)bieten
conducir	führen
el mirador	Aussichtspunkt
la ermita	Kapelle
ignorante	unwissend
dar una vuelta	eine Runde drehen
redondo / -a	rund
recordar	erinnern

-Tú sabes cosas...

-Lo he leído en Internet.

- Ah, sí. Los Sotomayor son una de las familias más ricas de la isla, ¿sabes?

- Es un poco como el Taj Mahal en la India. Romántico, ¿verdad?

-Sí - suspira Marta y le da un beso. Siguen disfrutando de la vista panorámica que hay desde allí.

Se puede ver hasta Tazacorte.

Se hacen un **"selfie"** con el móvil de Tony.

Marta y Tony delante de la ermita.

Tony se lo envía al móvil de Marta **decorado** con **corazoncitos.**

---

el selfie	Selfy
decorar	dekorieren
el corazón	Herz

Marta está encantada. Su Tony tiene ideas tan románticas...

Y también en la bici Tony tiene buen aspecto.(10) En total es un hombre fantástico.

Para Marta es como estar de vacaciones, aunque la isla es su **hogar**.

En Fuencaliente la pareja hace una pausa en un bar justo enfrente del Centro de Visitantes.

Comen un "sándwich americano" que ha **elegido** Marta y toman café con leche...

-¡Qué rico es este sándwich! Me gusta mucho. Y tú también me gustas mucho.

Eres tan deportista.(25)

Quisiera estar más tiempo contigo. (37)

---

el hogar	Heimat
elegir	aussuchen
quisiera	ich möchte gern
	(Höflichkeitsform von „quiero")

¿Qué te parece si pasamos tú y yo un fin de semana en un hotel romántico en el norte de la isla?

Imagínate. ¡Un fin de semana entero solo para nosotros!

-¡Qué chachi!- exclama Marta.

Tony está un poco irritado. -¿Qué significa chachi?- quiere saber.

-Chachi significa que me gusta mucho.

- Perfecto - dice Tony. Y añade - Chachi. ¿Pero tu cena familiar de los sábados?

-No te preocupes (36), ya me **arreglo.**

---

arreglar   (hier:) es sich einrichten

7

El sábado por la tarde Marta está cenando en casa de su familia.

Durante la comida Marta **anuncia** que el sábado siguiente no va a venir.

- ¡Quiere encontrarse con su novio. Es un **zócalo** extranjero!- exclama Lucía.

A Marta le gustaría **matar** a su hermana.

Pero su madre dice: -Marta tiene 25 años. Es **mayor de edad**. Ella sabe lo que está haciendo. Si quiere salir con un extranjero...

-Tú solo tienes miedo de que no encuentre (36) a nadie para casarse, porque ya tiene 25 y todavía no tiene novio fijo- dice Luis, el hermano de Marta.

---

anunciar	ankündigen
el zócalo	Blödmann
matar	töten
mayor de edad	volljährig

-¡Por favor! - exclama Marta -¡Eres tan **machista**! ¿Y cómo voy a encontrar un novio si tú les das una **paliza** a todos?

-**Por una sola vez**...- dice Luis.

-Y tienes que **admitir** que ese José es un **antipático**...

- Claro, que ahora es antipático. Le has roto la nariz.

¿No puedo salir con un chico sin vuestros comentarios?

-Solo se preocupan por ti.- dice el padre de Marta. -**Es que** somos una familia. Pero tu madre tiene razón. Ya tienes la edad suficiente para decidir sola.

---

machista	machomässig
la paliza	Tracht Prügel
por una sola vez…	das eine Mal…
admitir	zugeben
antipático / -a	unsympathisch
es que…	es ist nämlich so, dass

Lucía le echa una mirada **furiosa** a Marta.

A esa niña **mimada** no le gusta que su madre **defienda** (36) a Marta.

---

furioso / -a	wütend
mimado / -a	verwöhnt
defender	verteidigen

8

Marta y Tony buscan un poco de **intimidad** y por eso van a hacer una excursión al norte de la isla, a Barlovento. Allí hay un hotel romántico. **Aparcan** el coche en el **aparcamiento** del hotel, sacan sus maletas del **maletero** y se dirigen a la **recepción**.

-Buenas tardes - dice Tony.-Hemos reservado una camarera (5) para una noche, y...

-Quiere decir una habitación....- se **apresura** Marta a explicar a la empleada del hotel.

La empleada sonríe amablemente y pregunta por sus nombres y los pasaportes.
Después les explica dónde está su habitación, la **piscina** y el restaurante.

la intimidad	Intimität
aparcar	parken
el aparcamiento	Parkplatz
el maletero	Kofferraum
la recepción	Rezeption
apresurarse	sich beeilen
la piscina	Schwimmbad

Tony está de un **humor excelente** y exclama
-¡Ay **cariño**, por la noche vamos a comer
puta ...! (26)

-¡Por favor!- exclama la empleada del hotel
indignada. -¡Nunca ha habido putas aquí!
Este es un hotel **decente...**

-Sí, sí, por supuesto - dice Marta,- se trata de
un error...

Los dos suben a la habitación, **deshacen** sus
maletas y después dan un paseo por el
bosque.

Respiran el aire fresco de las montañas y
disfrutan de la naturaleza.

el humor	Laune
excelente	hervorragend
cariño	Schatzi, Liebling
la puta	Prostituierte
indignado / -a	indigniert, verärgert
decente	anständig
deshacer	auspacken (Koffer)
el bosque	Wald
respirar	atmen

A continuación nadan en la piscina y se relajan en **el jacuzzi**.

Marta está muy contenta. No hay nadie por aquí a quien conoce y no hay nadie que se pueda (36) dar cuenta de que el español de Tony es muy pobre.

Puede disfrutar completamente de su Tony sin pensar en nada más.

Finalmente van al restaurante para cenar.

Marta empieza la cena con una sopa y Tony toma un **queso asado** de **entrante**.

Por desgracia, la sopa está **salada** y Marta le dice al camarero -Oiga, la sopa está un poco salada...

Tony le dice al camarero - No, yo no quiero salada, (27) quiero carne.

a continuación	als Nächstes
el jacuzzi	Whirlpool
el queso asado	gegrillter Käse
el entrante	Vorspeise
salado / -a	salzig

El camarero parece un poco **confuso**, pero asiente con la cabeza.

Les trae la carta otra vez y Tony pide un entrecot con papas fritas. El camarero pregunta: -¿**Medio hecho**? ¿**Bien hecho**?...

Sí, responde Tony, toma la mano de Marta, le mira fijamente a los ojos y dice -Lo hemos hecho muy bien.(28).

El camarero asiente con la cabeza: -Bien hecho entonces.

Marta y Tony pasan una noche fantástica. Salen a la terraza varias veces para mirar las estrellas y a Marta le parece como un **sueño**.

Al día siguiente la pareja desayuna.

confuso / -a	konfus
medio hecho	medium (Fleisch)
bien hecho	gut durchgebraten
el sueño	Traum

Después, Tony va a la recepción para pagar.

-La cuenta, por favor (29).

La dependienta le da la factura.

-¿Cómo quiere pagar? ¿Con tarjeta o en **efectivo**?

-Con tarjeta, por favor.

La empleada le acerca el aparato de las tarjetas. Tony **introduce** su tarjeta y **teclea** su PIN.

Después **retira** la tarjeta, y coge la factura.

-Ya está. Adiós, y gracias para todo. (30)

---

efectivo	bar
introducir	hineinstecken
teclear	eintippen
retirar	herausziehen

9

Unos días más tarde Tony invita a su amigo Klaus.

Klaus también es de Alemania. Tony le ha conocido en el gimnasio. Los dos chicos **suelen charlar** allí y se llevan bastante bien.

Han decidido ver juntos un partido de fútbol en la tele.

Por eso Tony quiere comprar dos pollos asados en la **carnicería**, que está al lado del gimnasio. Entra en la carnicería. - Buenos días, quiero dos pollos casados. (31)

La dependienta se ríe mucho pero le **atiende** amablemente. (32)

-¿Costa cuenta?- pregunta Tony, y la dependienta se ríe de nuevo.

-Son nueve con sesenta.

---

soler	pflegen , gewohnheitsmässig tun
charlar	schwatzen
la carnicería	Metzgerei
atender	bedienen

Tony paga, sale de la tienda y está muy contento. Su español se entiende perfectamente y todas las chicas de La Palma son muy alegres y simpáticas. Siempre se ríen cuando lo ven...

10

Más tarde los dos chicos alemanes están en el apartamento de Tony, comen los pollos, toman cerveza y ven el partido.

Claro, que los dos entre sí hablan alemán.

En el descanso Klaus pregunta:

-¿Y qué tal vas con el español? A mí me parece súper difícil...

-Pues a mí no. ¡Estoy saliendo con una chica de aquí y nos entendemos perfectamente!

-¡Huy, qué rápido! ¿Ya tienes una novia palmera?

-Sí, es muy guapa. Se llama Marta.

-¿Y no te parece complicado por el idioma?

-**¡Qué va!** Salimos mucho, hablamos todo el tiempo, ¡no hay problema!

¡Qué va!　　　　　ach was!

-¿Cómo la has conocido?

-En la discoteca, le he pedido un baile y ya...

- Bueno, yo... A mí no me parece tan fácil.
Antes de hablar con un chica quiero aprender
un poco más de español. Voy a **clases** de
español. La profesora se llama Monika, o
también "Spanischhexe".

-Sí, ya he oído hablar de ella. Todo el mundo
dice que es muy buena. Pero yo no necesito
esas cosas...

-Si tú lo crees, cada uno tiene su **sistema.**
Mira, los equipos salen de nuevo, empieza la
segunda **mitad.**

la clase	Unterricht
el sistema	System
la mitad	Hälfte / Halbzeit

11

Al mismo tiempo, trabajando en el hospital Tere habla con Marta.

-¡Cuéntame todo sobre vuestro fin de semana en el hotel! Quiero saberlo todo **al detalle**.

-¡Eres una pesada! se ríe Marta. -Pues sí, bueno, todo sigue siendo un poco complicado porque....bueno, Tony todavía **comete** algunos **errores** hablando español, pero en total...ha sido muy romántico, y con todo... Tony es muy **tierno**...

-¿Es buen **amante**?

Marta **se pone un poco roja** y con una mirada **soñadora** dice: -Sí.

-¿Y por fin habéis tenido tiempo para hablar?

al detalle	im Detail
cometer	begehen
el error	Fehler, Irrtum
tierno / -a	zart , sanft
el amante	Liebhaber
ponerse rojo	rot werden
soñador / -a	verträumt

-Eh, no... pero estoy muy enamorada. Tony es fantástico.

-¿Y cómo lo sabes, si no puedes hablar con él? No sabes nada sobre sus planes, ni qué piensa sobre las cosas de la vida...

-Lo siento en el corazón.

- Ajá. ¿No crees que vuestra **relación** es un poco...**física**? Vale, es guapo, tiene ideas románticas y es muy deportivo. Pero ¿qué sabes de su **carácter**?

Admítelo, ese Tony no es el hombre para ti. ¡Ni siquiera puedes mantener una conversación razonable con ese **palete**! ¿Quieres pasar el resto de tu vida así? ¿Por qué no le **propones** ir a clases de español, como lo hacen sus **paisanos**?

---

la relación	Beziehung
físico / -a	körperlich
el carácter	Charakter
el palete	Trottel
proponer	vorschlagen
el paisano	Landsmann

He oído de una alemana que se llama "Spanischhexe". Dicen que es muy buena **profesora**.

- Bueno, a ver... Pero Tony es romántico, guapo, fuerte, huele bien...ay... Y la mirada de esos ojos azules...

-Sí. Ya conozco la lista...- Y en su **mente** añade: La palabra **"inteligente"** no aparece (33) en su lista...

Pero como Marta es su amiga, no lo llega a decir.

En ese momento suena el móvil de Marta. Otro WhatsApp de Tony. Marta lo lee y sonríe. Encantada, le enseña el **mensaje** a Tere:

"Kiero aserte mui felis". (34)

---

la profesora	Lehrerin
la mente	Geist
inteligente	intelligent
el mensaje	Nachricht

12

En la cena familiar del sábado Marta no puede dejar de pensar en Tony, y por eso no deja de jugar con su móvil.
Tony está enviando mensajes...

La madre y el padre de Marta intercambian miradas.

Por fin, la madre pregunta a Marta cómo ha pasado el fin de semana **anterior.**

Marta dice que muy bien y todo el mundo **se da cuenta de** que está enamorada.

-Parece que ese Tony te gusta mucho...

- Sí, es verdad - dice Marta y se pone un poco colorada.

- ¿No quieres invitarle a cenar con nosotros el próximo sábado?

- Eh, no sé... Es que no habla mucho español...

---

anterior	vorhergehend
darse cuenta de	(be)merken

-Su español es muy divertido - dice Lucy con una risilla.

- Eso no importa, ya nos vamos a entender - responde su madre.

Así que Marta invita a Tony a cenar con su familia.

-¿Y de que habláis normalmente en la cena?

- Bueno, de la vida, del trabajo, a veces de política, del tiempo...de todo un poco.

Y discutimos mucho.

Ya verás, mi familia te va a gustar.

---

discutir   diskutieren

13

El sábado siguiente Marta lleva a Tony a casa de su familia.

Primero Marta y Tony dan una vuelta por la casa y Tony comprende, por qué Marta todavía vive allí. La casa es realmente grande. Allí viven tres **generaciones** y hay **espacio** suficiente para todos.

-Oye, y ¿tu madre lo limpia todo?

-No, claro que no. Cada uno limpia su propia habitación. Mira, aquí está el **comedor.**

Cuando entran, toda la familia ya está **reunida.**

Normalmente, Lucy llega demasiado tarde, pero hoy ya está allí. No quiere **perderse** nada.

la generación	Generation
el espacio	Platz
el comedor	Esszimmer
reunido / -a	versammelt
perderse	verpassen

-Hola Anton, bienvenido a nuestra casa-, dice el padre de Marta.

-Puede llamarme Tony. Todo el mundo lo hace. Me alegro de conocer a la familia de Marta.
Su hija es tan simpática...

-Bienvenido, Tony, soy la madre de Marta.

-Encantada (3) - dice Tony. -Tiene una casa muy bonita.

Entonces Tony ve a Lucy y dice:
-¡Hola Lucy!. Estás muy **delgada**. ¿Qué **dieta** has hecho?

-¿Una dieta, para qué?

- Y ésta es mi abuela - dice Marta para cambiar de tema.

---

delgado / -a	dünn, schlank
la dieta	Diät

La abuela, como siempre, se ha arreglado mucho. Lleva un vestido **elegante** y **maquillaje**. Por la mañana ha ido a la peluquería e **incluso** tiene las **uñas** pintadas.

-Encantado - dice Tony sonriendo y añade -Usted ve muy bien (10)

-Ay hijo... En realidad ya no veo muy bien...

-Seguro que quiere decir que tienes buen aspecto - explica Marta.

-¡Ajá!- responde la abuela. -¡Gracias, **jovencito** !- le empuja con el **codo** y con una sonrisa **coqueta** dice
-Tú también eres guapo...

---

elegante	elegant
el maquillaje	Make Up
incluso	sogar
la uña	Fingernagel
el jovencito	Junge, Jungchen
el codo	Ellenbogen
coqueta	kokett

Luis ha reconocido a Tony del gimnasio. Se había fijado en él porque es uno de los dos extranjeros raros que se entrenan poco y hablan mucho...

-¡Hola Tony!- dice Luis y le **estrecha** la mano.
-¡Qué casualidad! Nos conocemos del gimnasio.

-¡Ah sí, es verdad! - sonríe Tony y toma la mano de Luis.

Es un **imbécil**, piensa Luis. Si no trata bien a Marta, le voy a romper el brazo.

La madre de Marta toma la palabra.

- He preparado pollo, espero que le guste. (36)

-Pues, sí, el pollo me gusto (13) mucho...

-Entonces vamos a empezar. ¿Me puedes pasar la verdura, por favor?- pregunta Marta.

Pasan el resto de la **velada** comiendo.

---

estrechar	ausstrecken
el imbécil	Blödmann
la velada	Abend (Veranstaltung)

Al salir Tony dice: -Muchas gracias para la invitación, me he gustado (13) mucho cenar con ustedes. (12)

-Te acompaño **fuera** - dice Marta, y le empuja hacia la puerta.

Delante de la puerta Tony dice sonriendo:

-Ha salido muy bien, ¿verdad?

-Sí- dice Marta, y dándole un beso de despedida piensa: ¡**Qué desastre!**

-Nos vemos mañana para desayunar en El Paso, ¿vale?

-Vale.

Después, Marta entra de nuevo en la casa. Todos están allí todavía. Marta coge aire y pregunta a su madre : -¿Qué piensas? ¿No es fantástico?

-Es muy...exótico.

---

fuera
¡Qué desastre!

-¿Verdad? y tan guapo...

-Un poco **extravagante**, quizás...- añade el padre.

-Ya os he dicho que es un zócalo - dice Lucy.

-Es un imbécil - dice Luis.

- No sé qué queréis - dice la abuela. -A mí me ha gustado mucho. Es muy guapo...y huele bien...

-Pero abuela, hay cosas más importantes. ¿No has notado que prácticamente no entiende nada?

-**¿Y qué más da?** He tenido tres maridos y ni uno de ellos ha entendido mucho de lo que yo **decía.** No es **cuestión** del idioma. Ese Tony tiene un **culito** muy sexy. **Si yo fuera más joven**...

---

extravagante	extravagant
¿y qué más da?	und was solls?
decía	ich sagte
la cuestión	Frage
el culito	Hintern
si yo fuera más joven	wenn ich jünger wäre

-¿Podemos dejar ese tema?- pregunta el padre de Marta. -Estoy cansado y quiero acostarme...

14

En el dormitorio los padres de Marta siguen hablando.

La madre dice: -Me parece que a Marta le gustan los chicos **raros**.

-¡Qué va! El amor es el amor... ¿No te acuerdas?

-Sí. Pero va a tener que tomar una **decisión**.

-Y va a tomar la decisión correcta. No te preocupes. (36) Ya tiene 25 años. Tenemos que preocuparnos más por Lucy...

-Sí, **tienes razón**. Buenas noches.

-Buenas noches.

---

raro / -a	seltsam
la decisión	Entscheidung
tener razón	Recht haben

15

Al día siguiente, Marta y Tony han quedado en un bar de El Paso. Quieren desayunar juntos. Marta ha pedido vikingos y Tony se ha reído mucho.

-¿Vamos a comer vikingos?

-Sí.

-¿No son esos hombres **bravos** que vienen en barco del norte?

-No, cariño. Un vikingo aquí es un sándwich tostado con un **relleno** riquísimo. Y en este bar hacen los mejores vikingos de La Palma.

Ya verás…

Y es verdad que los vikingos son riquísimos.

En ese momento aparecen María y Carmen, las dos chicas de la playa.

Las chicas se saludan con un beso en las mejillas y también besan a Tony.

---

bravo / -a	wild
el relleno	Füllung

-**¡Hay que verlo para creerlo!** Todavía estáis saliendo.- dice Carmen con una risilla y Marta está agradecida de que las chicas se **alejen**. (36)

-Hmm, estos vikingos son fantásticos...Lo he pasado muy bien ayer en tu casa. Tu familia es muy amable.

-Sí. Me alegro que lo hayas (36) disfrutado, pero, oye, qué tal si vas a clase de Español, para aprender un poco más rápido, ya sabes...

-¡Pero cariño, ya te tengo a tu! Y nos entendemos tan bueno. Con ti puedo aprender todo... (34)

-Ya...- sonríe Marta y los dos se besan.

---

hay que verlo para creerlo	es ist nicht zu glauben
alejarse	sich entfernen

16

Marta está muy triste.

Ha **reflexionado** mucho. Tony es muy guapo y amable. Ya llevan saliendo desde hace cinco semanas. (14) Pero todavía no ha aprendido más español, y por eso han pasado por una serie de situaciones raras y **vergonzosas**. Tere tiene razón. Todo es un poco físico. ¡Y parece que Tony **ni siquiera** ve la **necesidad** de aprender más español para poder **conversar** mejor con ella!

No tiene **esperanza** de que la situación cambie. (36)
La vida de Marta **consiste en** sus amigas, su familia, su trabajo.

Y Tony está fuera de todo.

---

reflexionar	nachdenken (gründlich)
vergonzoso	peinlich
ni siquiera	nicht einmal
la necesidad	Notwendigkeit
conversar	sich unterhalten
la esperanza	Hoffnung
consistir en	bestehen aus

Por fin Marta ha tomado una decisión difícil.

Tony es una **aventura** exótica, y le duele en el corazón, pero Tony no es el hombre de su vida. Es imposible. No hay futuro para su amor.
Sería injusto seguir así.

Le da un poco de **miedo** decírselo a Tony, pero romper (35) con él por WhatsApp no le parece **adecuado**.

Así se encuentra con Tony por última vez en la playa de Tazacorte, donde **se había enamorado** tanto de él.

No se siente cómoda.

la aventura	Abenteuer
sería	es wäre
injusto	unfair
el miedo	Angst
adecuado / -a	geeignet
se había enamorado	sie hatte sich verliebt

Tony se da cuenta de que Marta no está bien y pregunta:

-¿Estás enfermera?

Todavía no ha comprendido la diferencia entre enfermo y enfermero.

Marta le dice: -Tony, tengo que decirte algo importante. No podemos seguir así. Creo que tenemos que **separarnos.**

-¡Qué chachi! - exclama Tony. Y entusiasmado dice en alemán: "Ja, lass uns heiraten!"

---

separarse   sich trennen

Übungen und Erläuterungen zum Text

1 Reflexive Verben

Konjugieren Sie die Verben llamarse und divertirse im Presente und im Perfecto

Presente

llamarse	divertirse
me _____	me _____
te _____	te _____
se _____	se _____
nos _____	nos _____
os _____	os _____
se _____	se _____

Perfecto

llamarse	divertirse
me _____	me _____
te _____	te _____
se _____	se _____
nos _____	nos _____
os _____	os _____
se _____	se _____

1 Reflexive Verben

Konjugieren Sie die Verben llamarse und divertirse im Presente und im Perfecto
Lösung:
Presente

llamarse	**divertirse**
me llamo	me divierto
te llamas	te diviertes
se llama	se divierte
nos llamamos	nos divertimos
os llamáis	os divertís
se llaman	se divierten

Perfecto

llamarse	**divertirse**
me he llamado	me he divertido
te has llamado	te has divertido
se ha llamado	se ha divertido
nos hemos llamado	nos hemos divertido
os habéis llamado	os habéis divertido
se han llamado	se han divertido

2 Demonstrativpronomen

Übersetzung:

1. dieses Mädchen hier...
2. diese Frauen da drüben...
3. dieses Auto hier...
4. diese Autos da drüben...
5. dieser Herr hier...
6. dieser Bus hier...
7. diese Herren da hinten...
8. dieses Mädchen da drüben...
9. dieser Bus da drüben...
10. dieses Thema...
11. dieses Problem...
12. diese Kinder...
13. dieses Kind hier...
14. diese Übung hier...
15. diese Übungen da...

2 Demonstrativpronomen

Lösung:

1. esta chica…
2. esas mujeres…
3. este coche…
4. esos coches…
5. este señor…
6. esta guagua (este autobús)…
7. esos señores…
8. esa chica…
9. esa guagua (ese autobús)…
10. ese tema…
11. ese problema…
12. esos niños…
13. este niño…
14. este ejercicio…
15. esos ejercicios…

3 Warum ist Tere irritiert?

Tony sprach von sich selbst, hat aber die weibliche Form erwischt.

Er sollte sagen: „encantad**o**".
Die Mädchen sagen „encantad**a**"

Tony ahmt einfach nach, was die Mädchen sagen, und schon hat er eine „Geschlechtsumwandlung" duchgemacht...

Hier eine kurze Übersetzungsübung:

1. Der Herr ist erfreut.
2. Die Mädchen sind erfreut.
3. Die Herren sind erfreut.
4. Tere ist erfreut.
5. Wir sind erfreut.

3 Warum ist Tere irritiert?

Lösung:

1. El señor está encantado.

2. Las chicas están encantadas.

3. Los señores están encantados.

4. Tere está encantada.

5. Estamos encantados.

4 querer   wollen, wünschen, lieben

Au weia! Tony hat gefragt, ob er selbst tanzen möchte!
"Querer" ist ein sehr wichtiges Verb!

Damit es Ihnen nicht so geht wie Tony sollten Sie es nochmals kurz in der Gegenwart durchkonjugieren.

(yo)_____

(tú)_____

(el, ella)_____

(nosotros)_____

(vosotros)_____

(ellos, ellas)_____

4 querer   wollen, wünschen, lieben

"Querer" ist ein sehr wichtiges Verb!

Damit es Ihnen nicht so geht wie Tony sollten Sie es nochmals kurz in der Gegenwart durchkonjugieren.

Lösung:

(yo)   quiero

(tú)   quieres

(el, ella)   quiere

(nosotros)   queremos

(vosotros)   queréis

(ellos, ellas) quieren

5 Wortähnlichkeiten bei Berufen

Tony hat "enfermo", also das Adjektiv mit dem Hauptwort Krankenpfleger verwechselt.
Hier eine Vokabelübung mit Wortähnlichkeiten:
Wie heißen diese Wörter auf Spanisch?

1. krank, der Krankenpfleger, die Krankenschwester, die Krankheit
2. das Taxi, der Taxifahrer, die Taxifahrerin
3. der Zahn, der Zahnarzt, die Zahnärztin
4. der Maler, die Malerin, die Farbe, das Gemälde
5. der Friseur, die Friseurin, das Friseurgeschäft
6. das Brot, der Bäcker, die Bäckerin, der Bäckerladen
7. der Rechtsanwalt, die Rechtsanwältin, die Avocado
8. die (Frühstücks-)Pension, der Rentner, die Rentnerin, die Rente
9. die Rezeption, der Rezeptionist, die Rezeptionistin, in Empfang nehmen
10. das Bett, die Kellnerin, der Kellner

5 Wortähnlichkeiten bei Berufen

Hier eine Vokabelübung mit Wortähnlichkeiten:

Lösung:

1. enfermo, el enfermero, la enfermera, la enfermedad
2. el taxi, el taxista, la taxista
3. el diente, el dentista, la dentista
4. el pintor, la pintora, la pintura, la pintura
5. el peluquero, la peluquera, la peluquería
6. el pan, el panadero, la panadera, la panadería
7. el abogado, la abogada, el aguacate
8. la pensión, el pensionista, la pensionista, la pensión
9. la recepción, el recepcionista, la recepcionista, recibir
10. la cama, la camarera, el camarero

6 tan / así

Übersetzung:

1. So ist das Leben…

2. Ich brauche ein neues Auto. Aber es ist so teuer...

3. Es ist nicht so schwierig, wie du denkst.

4. Ich kann so nicht arbeiten.

5. So kann man nicht Spanisch lernen.

6. Marta ist so hübsch...

7. Das Kind ist immernoch so klein...

8. Wie macht man das? – So!

9. Nein, so ist das nicht!

10. Es ist nicht so spät wie du glaubst.

11. So kann man Geld sparen.

6 tan / así

Lösung:

1. Así es la vida.

2. necesito un coche nuevo. Pero es tan caro...

3. No es tan difícil como piensas.

4. No puedo trabajar así.

5. Así no se puede aprender español.

6. Marta es tan guapa...

7. El niño todavía es tan pequeño...

8. ¿Cómo se hace esto? -¡Así!

9. No, no es así.

10. No es tan tarde como crees..

11. Así se puede ahorrar dinero.

7 al volver

al volver = Beim Zurückkommen

Hierbei handelt es sich um die
Substantivierung eines Verbs am Satzanfang.
probieren Sie es mal selbst:

1. Beim Hinsehen...
2. Beim Zurückkommen...
3. Beim Ankommen...
4. Beim Ausmachen...
5. Beim Ausprobieren...
6. Beim Lernen...
7. Beim Lesen...
8. Beim Anfangen...

7 al volver

al volver = Beim Zurückkommen

Hierbei handelt es sich um die Substantivierung eines Verbs am Satzanfang. probieren Sie es mal selbst:

Lösung:

1. Al mirar...
2. Al volver...
3. Al llegar...
4. Al apagar...
5. Al probar...
6. Al aprender...
7. Al leer...
8. Al empezar...

8 Wer ist verliebt in wen?

Übersetzung:

1. Marta ist verliebt in Tony.

2. Tony ist verliebt in Marta.

3. Tere ist nicht verliebt in Tony.

4. Tony ist nicht verliebt in Tere.

5. Die Mädchen sind in die Männer verliebt.

6. Die Herren sind in die Damen verliebt.

7. Ich bin in mein Auto verliebt.

8 Wer ist verliebt in wen?

Lösung:

1. Marta está enamorada deTony.

2. Tony está enamorado de Marta.

3. Tere no está enamorada de Tony.

4. Tony no está enamorado de Tere.

5. Las chicas están enamoradas de los hombres.

6. Los hombres están enamorados de las señoras.

7. Estoy enamorado de mi coche.

9 huele muy bien

Tony riecht sehr gut.
die Grundform dieses Verbs heißt „oler".
„Oler" ist in der Gegenwart wirklich nicht ganz
einfach zu konjugieren!

Versuchen Sie es mal:
Im Notfall nehmen Sie eine Verbtabelle zu
Hilfe!

(yo)_____

(tú)_____

(el, ella)_____

(nosotros)_____

(vosotros)_____

(ellos, ellas)_____

9 huele muy bien

Tony riecht sehr gut.
die Grundform dieses Verbs heißt „oler".
„Oler" ist in der Gegenwart wirklich nicht ganz
einfach zu konjugieren!

Lösung:
oler

(yo)	huelo
(tú)	hueles
(el, ella)	huele
(nosotros)	olemos
(vosotros)	oléis
(ellos, ellas)	huelen

10 tener buen aspecto

„Gut aussehen" ist ein echtes
Übersetzungsproblem!

Hier ein paar Übungen:

1. Das Essen sieht gut aus.

2. Marta sieht gut aus.

3. Tony sieht gut aus.

4. Die Oma von Marta sieht gut aus.

5. Du siehst gut aus!

6. Es ist wichtig, gut auszusehen.

7. Die Mädchen sehen gut aus.

8. Das sieht schlimm aus!

10 tener buen aspecto

„Gut aussehen" ist ein echtes
Übersetzungsproblem!

Hier die Lösungen:

1. La comida tiene buen aspecto.

2. Marta tiene buen aspecto.

3. Tony tiene buen aspecto.

4. La abuela de Marta tiene buen
   aspecto.

5. ¡Tienes buen aspecto!

6. Es importante tener buen aspecto.

7. Las chicas tienen buen aspecto.

8. ¡Tiene mal aspecto!

11 pez / pescado

Hier hat Tony die falsche Vokabel erwischt!
Er sagt, dass Marta schwimmt, wie ein toter
Fisch...

Übersetzung:

1. Marta schwimmt wie ein Fisch.

2. Die Fische sind im Wasser.

3. Hat dir der Fisch geschmeckt?

4. Im Supermarkt werde ich Fisch kaufen.

5. In der Zoohandlung (tienda de
    animales) werde ich Fische kaufen.

6. Im Aquarium haben wir viele
    interessante Fische gesehen.

7. Mein Bruder isst nur Fisch.

11 pez / pescado

Hier hat Tony die falsche Vokabel erwischt!
Er sagt, dass Marta schwimmt, wie ein toter
Fisch...

Lösung:

1. Marta nada como un pez.

2. Los peces están en el agua.

3. ¿Te ha gustado el pescado?

4. En el supermercado voy a comprar
   pescado.

5. En la tienda de animales voy a
   comprar peces.

6. En el acuario hemos visto muchos
   peces interesantes.

7. Mi hermano solo come pescado.

12 Höflichkeitsformeln beim Kennernlernen und Verabschieden

Tony hat den deutschen Satz wortwörtlich ins Spanische gesetzt.
Das geht leider nicht und klingt für die Mädchen recht lustig.

Haben Sie Ihre Höflichkeitsformeln gelernt?

a)Was würden Sie beim Kennenlernen sagen?

b)Was wüden Sie beim Verabschieden sagen?

12 Höflichkeitsformeln beim Kennernlernen und Verabschieden

Tony hat den deutschen Satz wortwörtlich ins Spanische gesetzt.
Haben Sie Ihre Höflichkeitsformeln gelernt?

a)Was würden Sie beim Kennenlernen sagen?

Lösungsmöglichkeiten:
a)
Me alegro de conocerte.
Me alegro de conocerle.
Encantado / -a de conocerle.
Encantado / -a de conocerte.
Encantado / -a de conoceros.
Es un placer conocerte.
Es un placer conocerle.
Es un placer conoceros.

beim Verabschieden
b)
Lo he pasado muy bien.
Gracias por la invitación.
Ha sido un placer.
Tenemos que repetir.

13 gustar

Oje! Tony sagt: „Deine Freundinnen, ich
gefalle mir sehr..."
Achten Sie darauf, WEM etwas gefällt!

Übersetzung:

1. Marta gefällt Tony.

2. Tony gefällt Marta.

3. Tony mag die Freundinnen von Marta.

4. Tere mag Tony nicht.

5. Ich mag dich.

6. Wir mögen ihn.

7. Sie mögen dich.

13 gustar

Oje! Tony sagt: „Deine Freundinnen, ich gefalle mir sehr..."

Lösung:

1. A Marta le gusta Tony.

2. A Tony le gusta Marta.

3. A Tony le gustan las amigas de Marta.

4. A Tere no le gusta Tony.

5. Me gustas.

6. Nos gusta.

7. Les gustas.

14 desde, desde hace, hace, etc....

Zeitangaben machen nicht nur Tony immer wieder Probleme.
Hier hilft nur wiederholtes Üben.
Können Sie Tonys Sätze verbessern?

Übersetzung:

1. Ich bin im März angekommen.
2. Ich bin seit vier Monaten hier.
3. Ich bin seit ein paar Monaten hier.
4. Ich bin seit März hier.
5. Er arbeitet hier seit letzter Woche.
6. Marta und Tony haben sich vor kurzem kennengelernt.
7. Marta und Tony haben sich letzte Woche kennengelernt.
8. Am Freitag gehen sie an den Strand.
9. Samstags essen sie immer zuhause.
10. Marta und Tere kennen sich seit ihrer Kindheit. (la infancia)
11. Sie kennen sich seit langer Zeit.

14 desde, desde hace, hace, etc....

Zeitangaben machen nicht nur Tony immer wieder Probleme.
Hier hilft nur wiederholtes Üben.
Können Sie Tonys Sätze verbessern?

Lösung:

1. He llegado en marzo.
2. Estoy aquí desde hace cuatro meses.
3. Estoy aquí desde hace unos meses.
4. Estoy aquí desde marzo.
5. Trabaja aquí desde la semana pasada..
6. Marta y Tony se han conocido hace poco.
7. Marta y Tony se han conocido la semana pasada.
8. El viernes van a la playa.
9. Los sábados siempre comen en casa.
10. Marta y Tere se conocen desde su infancia.
11. Se conocen desde hace mucho tiempo.

15 peso/ pesado

"El peso" ist das Gewicht,
„pesado / -a" ist das Adjektiv dazu.
Der Ausdruck: „Es un pesado" bedeutet, dass
es sich um eine „nervige" Person handelt,
jemand, der **zur Last** fällt.

Übersetzung:

1. Meine Mutter ist eine Nervensäge.

2. Der Koffer ist schwer. Er wiegt 20 kg.

3. Wieviel wiegst du?

4. Ich werde die Kartoffeln wiegen.

5. Der Fisch wiegt 2kg. Er ist ziemlich schwer.

6. Luis nervt.

7. Lucy wiegt nicht viel.

15 peso/ pesado

„El peso" ist das Gewicht,
„pesado / -a" ist das Adjektiv dazu.
Der Ausdruck: „Es un pesado" bedeutet, dass
es sich um eine „nervige" Person handelt,
jemand, der **zur Last** fällt.

Lösung:

1. Mi madre es una pesada.

2. La maleta es pesada. Pesa 20 kg.

3. ¿Cuánto pesas?

4. Voy a pesar las patatas.

5. El pescado pesa 2kg. Es bastante
   pesado.

6. Luis es un pesado.

7. Lucy no pesa mucho.

16 parecer / parecerse

Beachten Sie: „parecer" heisst „scheinen".
Die reflexive Form „parecerse" bedeutet „sich
ähneln".

Übersetzung:

1. Es scheint, dass sich Marta und Tony
   gut vertragen.

2. Das scheint mir zu teuer.

3. Es scheint mir, dass es morgen regnen
   wird.

4. Marta ist ihrer Oma ähnlich.

5. Marta und Lucy ähneln sich nicht sehr.

6. Ich sehe meinem Bruder ähnlich.

7. Man sagt, dass wir uns sehr ähneln.

8. Das scheint mir gut.

16 parecer / parecerse

Beachten Sie: „parecer" heisst „scheinen".
Die reflexive Form „parecerse" bedeutet „sich
ähneln".

Lösung:

1. Parece que Marta y Tony se llevan
    bien.

2. Me parece demasiado caro.

3. Me parece que mañana va a llover.

4. Marta se parece a su abuela.

5. Marta y Lucy no se parecen mucho.

6. Me parezco a mi hermano.

7. Se dice que nos parecemos mucho.

8. Me parece bien.

17 grande/mayor

Spricht man vom Alter von Personen, benutzt man nicht die Steigerungsform „más grande", sondern mayor.
Die Körpergrösse hingegen wird mit „más alto" oder „ más bajo" ausgedrückt.

Übersetzung:

1. Tony hat einen älteren Bruder.

2. Er ist grösser als Tony.

3. Marta hat eine jüngere Schwester.

4. Marta ist jünger als ihr Bruder.

5. Luis ist der ältere Bruder von Marta.

6. Tere ist kleiner als Marta.

7. Luis ist grösser als Marta, und er ist auch älter.

17 grande/mayor

Spricht man vom Alter von Personen, benutzt man nicht die Steigerungsform „más grande", sondern mayor.
Die Körpergrösse hingegen wird mit „más alto" oder „ más bajo" ausgedrückt.

Lösung:

1. Tony tiene un hermano mayor.

2. Es más alto que Tony.

3. Marta tiene una hermana menor.

4. Marta es menor que su hermano.

5. Luis es el hermano mayor de Marta.

6. Tere es más baja que Marta.

7. Luis es más alto que Marta, y también es mayor.

18 despacito/despacho/oficina

Tony hat die Verniedlichungsform von
"langsam"= „despacito" mit
„Büro/Arbeitszimmer"=„despacho" verwechselt.
Eine „oficina" hingegen ist ein Büro mit
Publikumsverkehr.

Übersetzung:

1. Edgar, der Bruder von Tony arbeitet in einem Arbeitszimmer.
2. Tony arbeitet auch in einem Arbeitszimmer.
3. Sonntags ist das Büro des Anwalts (el abogado) geschlossen.
4. Am Wochenende arbeitet er in seinem Arbeitszimmer daheim.
5. Tony spricht sehr langsam.
   Er muß noch viel Spanisch lernen.
6. Die Freundinnen von Marta arbeiten im Büro des Steuerberaters (el asesor fiscal).
   Sie haben jeden Tag viele Kunden.

18 despacito/despacho/oficina

Tony hat die Verniedlichungsform von
"langsam"= „despacito" mit
„Büro/Arbeitszimmer"=„despacho" verwechselt.
Eine „oficina" hingegen ist ein Büro mit
Publikumsverkehr.

Lösung:

1. Edgar, el hermano de Tony trabaja en un despacho.
2. Tony también trabaja en un despacho.
3. Los domingos la oficina del abogado está cerrada.
4. El fin de semana trabaja en su despacho en casa.
5. Tony habla muy despacio.
   Todavía tiene que aprender mucho español.
6. Las amigas de Marta trabajan en la oficina del asesor fiscal.
   Cada día tienen muchos clientes.

19 despertarse (aufwachen)

Die Konjugation der reflexiven Verben
erscheint immer wieder schwierig.
deshalb konjugieren Sie noch einmal
despertarse in der Gegenwart und in der
Vergangenheit.

Presente

(yo)_____

(tú)_____

(el, ella)_____

(nosotros)_____

(vosotros)_____

(ellos, ellas)_____

Perfecto

(yo)_____

(tú)_____

(el, ella)_____

(nosotros)_____

(vosotros)_____

(ellos, ellas)_____

19 despertarse (aufwachen)

Die Konjugation der reflexiven Verben erscheint immer wieder schwierig.
deshalb konjugieren Sie noch einmal despertarse in der Gegenwart und in der Vergangenheit.
Lösung:

Presente

(yo)	me despierto
(tú)	te despiertas
(el, ella)	se despierta
(nosotros)	nos despertamos
(vosotros)	os despertáis
(ellos, ellas)	se despiertan

Perfecto

(yo)	me he despertado
(tú)	te has despertado
(el, ella)	se ha despertado
(nosotros)	nos hemos despertado
(vosotros)	os habéis despertado
(ellos, ellas)	se han despertado

20 Ein halber Liter Wein oder eineinhalb Liter?

Bedenken Sie, daß in Spanisch vor „medio"und „otro" niemals der unbestimmte Artikel steht!

Tony hat das nicht gewusst, und deshalb war der Kellner völlig verwirrt.
Wie heißen die folgenden Ausdrücke in korrektem Spanisch?

Übersetzung:

1. ein halber Liter Rotwein
2. ein Liter Rotwein
3. eineinhalb Liter Rotwein
4. ein Kilo Fleisch
5. ein halbes Kilo Fleisch
6. zweieinhalb Kilo Fleisch
7. dreieinhalb Kilo Orangen
8. fünfeinhalb Tage

20 Ein halber Liter Wein oder eineinhalb Liter?

Bedenken Sie, daß in Spanisch vor „medio"und „otro" niemals der unbestimmte Artikel steht!

Tony hat das nicht gewusst, und deshalb war der Kellner völlig verwirrt.
Wie heißen die folgenden Ausdrücke in korrektem Spanisch?

Lösung:

1. medio litro de vino tinto
2. un litro de vino tinto
3. un litro y medio de vino tinto
4. un kilo de carne
5. medio kilo de carne
6. dos kilos y medio de carne
7. tres kilos y medio de naranjas
8. cinco dias y medio

21 Wer kann es erklären?

Tony kann sich nicht erklären, was so
schwierig war...
Das ist tatsächlich nicht einfach:
Kommen Dativ- und Akkusativpronomen
zusammen, so gibt es kein „-lelo". Es wird zu
„-selo".

Können Sie das übersetzen?

1. Ich kann es dir erklären.
2. Er kann es mir erklären.
3. Wir können es ihm erklären.
4. Er kann es uns erklären.
5. Sie kann es ihm erklären.
6. Wir können es dir erklären.
7. Du kannst es ihr erklären.
8. Ich kann es ihm erklären.
9. Ich kann es ihnen erklären.
10. Sie können es uns erklären.
11. Wir können es euch erklären.
12. Du kannst es uns erklären.

21 Wer kann es erklären?

Tony kann sich nicht erklären, was so schwierig war...
Das ist tatsächlich nicht einfach:
Kommen Dativ- und Akkusativpronomen zusammen, so gibt es kein „-lelo". Es wird zu „-selo".

Lösung:

1. Puedo explicártelo.
2. Puede explicármelo.
3. Podemos explicárselo.
4. Puede explicárnoslo.
5. Puede explicárselo.
6. Podemos explicártelo.
7. Puedes explicárselo
8. Puedo explicárselo.
9. Puedo explicárselo.
10. Pueden explicárnoslo.
11. Podemos explicároslo.
12. Puedes explicárnoslo.

22 Ordnungszahlen

Marta ist im siebten Himmel...
Wie wäre es im Achten?

Übersetzung:

1. der erste Freund
2. die erste Freundin
3. das zweite Auto
4. das dritte Mal
5. der dritte Tag
6. der vierte Tag
7. der fünfte Stock
8. das sechste Bier
9. der siebte Laden
10. der achte Himmel
11. das neunte Mädchen
12. das zehnte Auto

22 Ordnungszahlen

Marta ist im siebten Himmel...
Wie wäre es im Achten?

Lösung:

1. el primer amigo
2. la primera amiga
3. el segundo coche
4. la tercera vez
5. el tercer día
6. el cuarto día
7. el quinto piso
8. la sexta cerveza
9. la séptima tienda
10. el octavo cielo
11. la novena chica
12. el décimo coche

23 me importa...

diese Konstruktion funktioniert wie „me gusta".

WAS ist WEM wichtig?

Übersetzung:

1. wem ist es wichtig?
2. es ist mir wichtig
3. es ist ihm wichtig
4. es ist ihr wichtig
5. es ist uns wichtig
6. ihnen ist es nicht wichtig
7. es ist Marta wichtig
8. es ist Marta nicht wichtig
9. uns ist es nicht wichtig
10. es ist Tony wichtig
11. es ist ihr nicht wichtig

23 me importa...

diese Konstruktion funktioniert wie „me gusta".

Lösung:

1. ¿a quién importa?
2. (a mí) me importa
3. (a él) le importa
4. (a ella) le importa
5. (a nosotros) nos importa
6. (a ellos) no les importa
7. le importa a Marta
8. no le importa a Marta
9. no nos importa
10. a Tony le importa
11. (a ella) no le importa

24 conducir

Kleine Erinnerung: Wie konjugiert man
conducir und producir in der Gegenwart?

conducir

(yo)_____

(tú)_____

(el, ella)_____

(nosotros)_____

(vosotros)_____

(ellos, ellas)_____

producir

(yo)_____

(tú)_____

(el, ella)_____

(nosotros)_____

(vosotros)_____

(ellos, ellas)_____

24 conducir

Kleine Erinnerung: Wie konjugiert man conducir und producir in der Gegenwart?

conducir

(yo)	conduzco
(tú)	conduces
(el, ella)	conduce
(nosotros)	conducimos
(vosotros)	conducís
(ellos, ellas)	conducen

producir

(yo)	produzco
(tú)	produces
(el, ella)	produce
(nosotros)	producimos
(vosotros)	producís
(ellos, ellas)	producen

25 deportivo/ deportista

Hier noch eine Vokabelübung mit
Wortähnlichkeiten:
Wie heißen diese Wörter auf Spanisch?

1. sportlich, der Sportler
2. sogar, inklusive
3. das Band, der Gurt, die Hüfte
4. sympathisch, unsympathisch
5. die Ente, die Hure,die Pastete
6. die Angestellte, der Angestellte
7. das Grab, die Liege, sich hinlegen
8. das Haus, verheiratet, heiraten, gegrillt
9. innen, aussen, zuvor
10. das Lachen, lachen, das Kichern, das
    Lächeln
11. (gemischter) Salat, das Salz, gesalzen
12. neu, neun
13. der Ausblick, der Besuch

25 deportivo/ deportista

Hier noch eine Vokabelübung mit
Wortähnlichkeiten:
Wie heißen diese Wörter auf Spanisch?

Lösung:

1. deportivo / –a, el deportista
2. incluso, incluido
3. la cinta, el cinturón, la cintura
4. simpático/ -a, antipático/ -a
5. el pato, la puta, el paté
6. la dependienta, el dependiente
7. la tumba, la tumbona, tumbarse
8. la casa, casado/ -a, casarse, asado/ -a
9. interior, exterior, anterior
10. la risa, reírse, la risilla, la sonrisa
11. ensalada (mixta), la sal, salado/ -a
12. nuevo/ -a, nueve
13. la vista, la visita

26 puta/pato

Huy! Tony hat "puta" und "pato" verwechselt!
Schauen wir mal, was wir auf der Speisekarte
so finden:

die Speisekarte

das Fleisch
der Fisch
die Vorspeise
der Salat
die Nachspeise
die Suppe
die Brühe
das Gemüse
die Beilage
die Ente
das Lamm
die Kuh
das Schwein
das Huhn
gegrillt
frisch
gebraten
frittiert
das vegetarische Essen

26 puta/pato

Huy! Tony hat "puta" und "pato" verwechselt!
Schauen wir mal, was wir auf der Speisekarte
so finden:
Lösung:
la carta (el menu)

la carne
el pescado
el entrante
la ensalada
el postre
la sopa
el caldo
la verdura
la guarnición
el pato
el cordero
la vaca
el cerdo
el pollo
asado / -a (a la brasa)
fresco / -a
a la plancha
frito
la comida vegetariana

27 ensalada

Tony hat „ensalada" und „salada" verwechselt.

Stellen wir sicherheitshalber nochmals klar,
wie die folgenden Ausdrücke in Spanisch
heißen:

1. ein gemischter Salat
2. ein grüner Salatkopf
3. eine versalzene Suppe
4. ein versalzenes Filet
5. eine gesalzene Übung

27 ensalada

Tony hat „ensalada" und „salada" verwechselt.

Stellen wir sicherheitshalber nochmals klar,
wie die folgenden Ausdrücke in Spanisch
heißen:

Lösung:

1. una ensalada mixta
2. una lechuga
3. una sopa salada
4. un filete salado
5. un ejercicio salado

28 Wie kann Essen sein?

Übersetzung:

1. Der Salat ist sehr salzig.

2. Das Filet ist blutig.

3. Das Filet ist durchgebraten.

4. Das Essen ist ungewürzt.

5. Der Kaffe ist heiß.

6. Die Suppe ist kalt.

7. Das Essen ist köstlich.

8. Der Fisch ist zart.

28 Wie kann Essen sein?

Lösung:

1. La ensalada está muy salada.

2. El filete está poco hecho.

3. El filete está bien hecho.

4. La comida está sosa.

5. El café está caliente.

6. La sopa está fría

7. .La comida está rica.

8. El pescado está tierno.

29 cuenta/factura

Beachten Sie:
Beide Wörter bedeuten Rechnung.
Aber die Rechnung im Restaurant ist eine
"cuenta".
Kaufen Sie etwas in einem Geschäft,
bekommen Sie eine „factura".

1. Wo ist die Rechnung vom Fernseher?

2. Hast du die Stromrechnung?

3. Kellner! Die Rechnung, bitte.

4. Es hat uns gut geschmeckt. Die
   Rechnung ,bitte.

5. Wir haben viel gegessen und
   getrunken. Wer zahlt die Rechnung?

6. Das Paket ist gestern angekommen,
   und die Rechnung war drin.

7. Wenn wir ausgehen zahlt mein Freund
   Tony immer die Rechnung.

29 cuenta/factura

Beachten Sie:
Beide Wörter bedeuten Rechnung.
Aber die Rechnung im Restaurant ist eine
"cuenta".
Kaufen Sie etwas in einem Geschäft,
bekommen Sie eine „factura".

1. ¿Dónde está la factura del televisor?

2. ¿Tienes la factura de la luz?

3. ¡Camarero! La cuenta, por favor.

4. Nos ha gustado mucho. La cuenta, por favor.

5. Hemos comido y bebido mucho.
   ¿Quién paga la cuenta?

6. Ayer ha llegado el paquete y la factura ha estado dentro.

7. Cuando salimos mi amigo Tony siempre paga la cuenta.

30 por/ para

Tony hat "por" und "para" verwechselt.
das ist schnell mal passiert, daher eine kleine
Übung:

Übersetzung:

1. Vielen Dank für alles.

2. Das ist zuviel für mich.

3. Tony kauft ein Geschenk für Marta.

4. Er kauft es für 10 Euro.

5. Für einen Moment habe es geglaubt.

6. Ich brauche Stühle für den Garten.

7. Ich möchte ein Ticket nach Madrid.

8. Wofür ist das?

9. Warum hast du den Text nicht gelernt?

10. Ich möchte eine Bescheinigung um zu
    reisen.

30 por/ para

Tony hat "por" und "para" verwechselt.
das ist schnell mal passiert, daher eine kleine
Übung:
Lösung:

1. Gracias por todo.

2. Esto es demasiado para mí.

3. Tony compra un regalo para Marta.

4. Lo compra por 10 Euros.

5. Por un momento lo he creído.

6. Necesito sillas para el jardín.

7. Quiero un billete para Madrid.

8. ¿Para qué es esto?

9. ¿Por qué no has aprendido el texto?

10. Quiero un certificado para viajar.

31 dos pollos casados

Oha! Hier hat Tony aber wirklich daneben gegriffen. Anstelle von „zwei gegrillten Hühnern" hat er „zwei verheiratete Hühner" bestellt...
Er hat „asado" und „casado" verwechselt.

Damit Sie „casarse" = heiraten und „estar casado / -a „= verheiratet sein nicht verwechseln, ein paar Übungen...

Übersetzung:

1. Die Eltern von Marta sind verheiratet.
2. Marta ist nicht verheiratet.
3. Der Bruder von Marta wird bald heiraten.
4. Werden Marta und Tony heiraten?
5. Die Oma von Marta war verheiratet.
6. Sie hat vor vielen Jahren geheiratet.
7. Sie hat mehrere Male geheiratet.

31 dos pollos casados

Oha! Hier hat Tony aber wirklich daneben
gegriffen. Anstelle von „zwei gegrillten
Hühnern" hat er „zwei verheiratete
Hühner" bestellt...
Er hat „asado" und „casado" verwechselt.

Damit Sie „casarse" = heiraten und „estar
casado / -a „= verheiratet sein nicht
verwechseln, ein paar Übungen...

Lösung:

1. Los padres de Marta están casados.
2. Marta no está casada.
3. El hermano de Marta va a casarse
   pronto.
4. ¿Marta y Tony van a casarse?
5. La abuela de Marta ha estado casada.
6. Se ha casado hace muchos años.
7. Se ha casado varias veces.

32 atender = bedienen

Konjugieren Sie atender im Presente und im Perfecto:

Presente

(yo)_____

(tú)_____

(el, ella)_____

(nosotros)_____

(vosotros)_____

(ellos, ellas)_____

Perfecto

(yo)_____

(tú)_____

(el, ella)_____

(nosotros)_____

(vosotros)_____

(ellos, ellas)_____

32 atender = bedienen

Konjugieren Sie atender im Presente und im Perfecto:

Presente

(yo)	atiendo
(tú)	atiendes
(el, ella)	atiende
(nosotros)	atendemos
(vosotros)	atendéis
(ellos, ellas)	atienden

Perfecto

(yo)	he atendido
(tú)	has atendido
(el, ella)	ha atendido
(nosotros)	hemos atendido
(vosotros)	habéis atendido
(ellos, ellas)	han atendido

33 Wie fragt man nach dem Preis?

Au weia!
Tony kann immer noch nicht korrekt nach dem
Preis fragen!

Dabei gibt es mehrere Möglichkeiten.

Schreiben Sie mindestens 3 auf!

1. _____

2. _____

3. _____

33 Wie fragt man nach dem Preis?

Au weia!
Tony kann immer noch nicht korrekt nach dem Preis fragen!

Dabei gibt es mehrere Möglichkeiten.

Hier einige Lösungen, die Tony hätte verwenden können:

1. ¿Cuánto cuesta?

2. ¿Cuánto vale?

3. ¿Cuánto es?

4. ¿Cuánto le debo?

5. ¿Y el precio?

34 Vokabelübung:

Wie heissen diese Wörter auf Spanisch?
Nehmen Sie ruhig ein Wörterbuch zuhilfe!

1. scheinen, erscheinen, verschwinden

2. laden, wiederaufladen, abladen,
   beladen (in Auftrag geben)

3. bestellen verabschieden

4. stellen, sich dagegen stellen, verfügen
   über

5. besitzen, erreichen, aufrechterhalten

6. bringen, zerstreuen, zusammenziehen

34 Vokabelübung:

Wie heissen diese Wörter auf Spanisch?
Nehmen Sie ruhig ein Wörterbuch zuhilfe!

Lösung:

1. parecer, aparecer, desaparecer

2. cargar, recargar, descargar, encargar

3. pedir, despedir

4. poner, oponer, disponer

5. tener, obtener, mantener

6. traer, distraer, contraer

35 kiero aserte mui felis

Huy!
Niemand verlangt, daß Tony die spanische
Rechtschreibung komplett beherrscht.

Aber das geht nun doch etwas zu weit.

Können Sie erraten, was Tony eigentlich
schreiben wollte, und den Satz fehlerfrei
aufschreiben?

35 kiero aserte mui felis

Huy!
Niemand verlangt, daß Tony die spanische
Rechtschreibung komplett beherrscht.

Aber das geht nun doch etwas zu weit.

Lösung:
So hätte Tony den Satz korrekt geschrieben:

Quiero hacerte muy feliz.

36 Subjuntivoformen

Bei allen Verben, die im Text mit (36)
gekennzeichnet sind, handelt es sich um
sogenannte Subjuntivoformen.
Die Endungen passen nicht in das bisher von
uns erlernte Konjugationsschema.
Subjuntivoformen drücken grundsätzlich einen
Wunsch oder eine Gefühlsäusserung aus.
Das soll uns hier zum Textverständnis
ausreichen.
Wie diese Formen genau gebildet und
verwendet werden, können Sie im Lehrbuch
„Die Spanischhexe 3" nachlesen.

37 contigo

Bei der 1. und 2. Person Singular wird das Personalpronomen mit der Präposition con zusammengezogen.

Übersetzung:

1. Ich möchte mehr Zeit mit dir zusammen sein.
2. Mit dir kann ich alles lernen.
3. Ich möchte mit ihm sprechen
4. Er möchte mit mir sprechen.
5. Sie möchte mit ihm sprechen.
6. Ich möchte mit ihnen sprechen.
7. Er will mit mir gehen.
8. Wir wollen mit ihm gehen.
9. Wir wollen mit dir gehen.
10. Sie will mit uns gehen.

37 contigo

Bei der 1. und 2. Person Singular wird das Personalpronomen mit der Präposition con zusammengezogen.

Lösung:

1. Quiero estar más tiempo contigo.
2. Contigo puedo aprender todo.
3. Quiero hablar con él.
4. (El) quiere hablar conmigo.
5. (Ella) quiere hablar con él.
6. Quiero hablar con ellos.
7. (El) quiere ir conmigo
8. Queremos ir con él.
9. Queremos ir contigo.
10. (Ella) quiere ir conmigo.

Fragen zum Text

Lo has entendido bien?

Wenn Sie diese Fragen problemlos
beantworten können, haben Sie den Text
verstanden.
Falls nicht, lesen Sie unter der angegebenen
Kapitelnummer nochmals nach.

1. ¿Quiénes son Tony, Marta y Tere?
   Describe a Marta, Tere y Tony

2. ¿Qué pasa en la playa cuando se
   acercan Carmen y María?
   Describe la familia de Marta.

3. ¿Qué cuenta Marta de su tarde en la
   playa con Tony?

4. ¿Por qué miente Marta a Lucy?

5. ¿Qué pasa en la Playa de los Guirres?

6. ¿Qué hacen Marta y Tony tres días
   después de su primer beso?

7. ¿Qué anuncia Marta en la cena
    familiar y cómo reacciona la familia?

8. ¿Adónde van Marta y Tony?
    ¿Qué pasa en la recepción?
    ¿Qué pasa en el restaurante?

9. ¿Qué compra Tony?
    ¿Por qué se ríe la dependienta?

10. ¿Qué hacen Tony y Klaus?
    ¿De qué hablan Tony y Klaus?
    ¿Qué problema tiene Klaus?

11. ¿Qué quiere saber Tere?

12. ¿Qué propone la madre de Marta?

13. ¿Qué pasa en la cena familiar?
    ¿Tony le gusta a la familia?

14. ¿Qué piensan los padres de Marta
    sobre Tony?

15. ¿Qué comen Marta y Tony en el bar?
    ¿Con quién dan?
    ¿Qué le propone Marta a Tony?

16. ¿Marta quiere seguir con Tony?
    ¿Cómo reacciona Tony?

Das dazu passende Lehr- und Übungsbuch gibt es im Buchhandel, bei Amazon, oder direkt bei der Autorin auf La Palma.